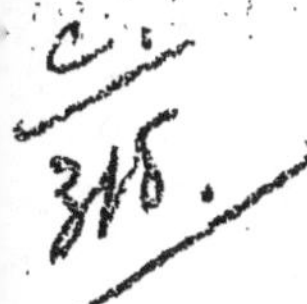

PREMIER MÉMOIRE

SUR LES

RUINES DE NINIVE,

ADRESSÉ

LE 20 FÉVRIER 1850

A L'ACADÉMIE DES INSCRIPTIONS ET BELLES-LETTRES,

PAR FERD. HOEFER.

PARIS,

TYPOGRAPHIE DE FIRMIN DIDOT FRÈRES,

RUE JACOB, 56.

—

1850.

DOCUMENTS

SITUATION ET A LA DESTRUCTION

DE NINIVE.

La découverte des magnifiques ruines des environs de Mossoul produisit à juste titre une sensation profonde dans le monde savant. La curiosité du public fut même vivement excitée, quand on eut annoncé que ces imposantes ruines étaient celles de l'antique Ninive. Mais, avant de prononcer un jugement, avant d'établir une croyance, s'était-on entouré de toutes les pièces justificatives nécessaires? N'avait-on pas formulé et accrédité une opinion, avant d'avoir sous la main tous les documents à l'appui? Avait-on nommé une commission d'archéologues, d'architectes, d'historiens, de philologues, de savants, à l'effet d'examiner la question sous toutes ses faces? Un peu moins de précipitation peut-être n'aurait en rien diminué le mérite de MM. Botta, Flandin et Layard, et un arrêt académique y aurait certainement puisé la force d'une invincible autorité.

Je demande pardon à l'Académie de toutes ces réflexions; mais elles viennent naturellement à l'esprit de quiconque, avant de croire, cherche à s'éclairer, surtout dans des matières essentiellement sujettes à controverse.

1.

Dans ce premier travail, que j'ai l'honneur de soumettre à l'Académie, j'examinerai si, *d'après les textes anciens, il pourrait exister encore aujourd'hui quelques vestiges de la cité de Ninus*. J'essayerai donc de passer successivement en revue les auteurs sacrés et profanes qui fournissent quelques renseignements sur *l'histoire de Ninive*.

Je suivrai, autant que possible, l'ordre chronologique, en me renfermant dans les strictes limites de la question.

I. AUTEURS SACRÉS.

MOÏSE (environ 1500 ans avant J. C.).

Le déluge venait de faire table rase de la population du globe. Les trois fils de Noé, avec leurs femmes, étaient appelés à repeupler la terre. L'un des petits-fils, *Nimrod* (נִמְרֹד), qui fut un fort chasseur devant Jehqvah (גִּבֹּר צַיִד לִפְנֵי יְהֹוָה), eut pour *capitale de son royaume* (רֵאשִׁית מַמְלַכְתּוֹ) *Babel* (בָּבֶל), et [en outre, les villes de] *Érekh* (אֶרֶךְ), et *Akkad* (אַכַּד), et *Calënèh* (כַּלְנֵה), dans la terre de *Sinear* (בְּאֶרֶץ שִׁנְעָר). (*Genèse*, chap. X, 9 et 10.)

Le texte du verset suivant du même chapitre de la *Genèse* porte : *Et de cette terre sortit Assur et bâtit Ninèvèh et Rĕkhoboth ville et Kalakh.*

מִן־הָאָרֶץ הַהִוא יָצָא אַשּׁוּר וַיִּבֶן אֶת־נִינְוֵה
וְאֶת־רְחֹבֹת עִיר וְאֶת־כָּלַח)

Mais ce verset peut aussi se traduire : *Et il* [Nimrod]

porta ses pas hors de cette terre et bâtit Ninĕvèh, etc.;
car אַשּׁוּר n'est pas seulement un nom propre, c'est aussi
le participe du verbe inusité אָשַׁר, et correspond au latin
gressus, en sorte qu'on peut rendre יָצָא אַשּׁוּר littéralement par *exiit gressus* (1).

Enfin, on peut admettre cette troisième version :
et il [Nimrod] *sortit de cette terre* [et se rendit en]
Assyrie. Dans ce cas, il y aurait omission de l'aspirée
ה, indiquant l'action de se diriger vers un endroit, et,
au lieu de אַשּׁוּר, il faudrait lire אַשּׁוּרָה.

Bien que cette interprétation soit moins probable
que les deux premières, il reste encore du doute sur la
question de savoir si c'est Nimrod, fils de Kusch, ou
Assur, fils de Sem, qui a fondé Ninive (2); mais ce
qui n'est pas douteux, c'est que, dans le texte cité, la
fondation de Babylone (*Babel*) est mentionnée avant
celle de Ninive (3).

Quant à la situation de Ninive, la *Genèse* nous apprend seulement que cette ville était hors de la terre
de Sinear (Babylonie) et probablement à peu de distance de la ville de Resen, à en juger par le verset 12 :
[et il bâtit aussi] *Resen entre Ninĕvèh et entre Kalakh, elle* [Resen] *la grande ville*.

(וְאֶת־רֶסֶן בֵּין נִינְוֵה וּבֵין כֶּלַח הִיא הָעִיר הַגְּדֹלָה)

(1) Voy. Gesenius, *Lexicon hebraïcum et chaldaïcum*, voc. אַשּׁוּר et
אָשַׁר.

(2) Il est à remarquer que depuis le verset 2 jusqu'au verset 20 du chapitre X de la *Genèse*, il n'est question que de la généalogie de Japhet et de
Cham. Le verset 11 est comme une sorte de parenthèse ou de transposition;
car du v. 21 au v. 31 il est exclusivement question de Sem et de ses descen-
dants, au nombre desquels était *Assur*.

(3) Ninive ou *Ninĕvèh* signifie, selon Bochart, *demeure de Ninus*. Mais
ne pourrait-on pas faire dériver ce nom de *Nin* (נִין), *descendance, postérité ?*

Ainsi, du temps de Moïse, Resen l'emportait sur Ninive. Kalakh, Resen, *la grande ville* (הָעִיר הַגְּדֹלָה), et Rekhoboth (1), de fondation contemporaine, étaient situées dans le pays compris entre l'Euphrate et le Tigre.

On s'est demandé comment, à une époque si rapprochée du déluge, l'espèce humaine a pu se multiplier au point de permettre aux petits-fils de Noé de fonder des royaumes et de bâtir plusieurs villes importantes. Je ne fais que signaler cette objection, sans y répondre.

JONAS (environ 840 ans avant J. C.).

Chapitre III, versets 3 et 4 (je traduis littéralement) : *Et Jonah* (יוֹנָה) *se leva et alla à Nĭnĕvèh selon la parole de Jehovah, et Nĭnĕvèh était une* VILLE GRANDE A DIEU (עִיר־גְּדוֹלָה לֵאלֹהִים), AYANT TROIS JOURNÉES DE MARCHE (מַהֲלַךְ שְׁלֹשֶׁת יָמִים) (2). *Et Jonah se mit en route, et* [pendant] UNE JOURNÉE DE MARCHE DANS LA VILLE (בָּעִיר מַהֲלַךְ יוֹם אֶחָד), *il*

---

(1) Quelques interprètes, qui ont pris *Rĕkhoboth* pour le pluriel féminin de רְחֹב *rue*, ont traduit (verset 11) : « et il bâtit Ninive et *les rues de cette ville* « (וְאֶת־רְחֹבֹת עִיר). Mais, non-seulement cette version ne donne pas de sens raisonnable, mais encore l'auteur sacré, comme pour prévenir toute méprise, a fait suivre *Rĕkhoboth* du mot עִיר (*ville*), sans article. D'autres enfin, prenant (עִיר) pour le nom propre d'une ville, ont traduit : « et il bâtit Ninive et *Rĕkhoboth et Ir*, etc. » Mais, dans ce cas, le mot עִיר, comme les autres noms propres, aurait été précédé de וְאֶת־ avec makk. Quant à la situation de *Rĕkhoboth*, on suppose qu'elle était sur l'Euphrate, entre Cercusium et Anath.

(2) Les LXX ont rendu le texte hébreu littéralement : πορείας ὁδοῦ τριῶν ἡμερῶν.

cria et dit : Dans quarante jours Ninive sera dé-truite.

Ainsi, le prophète Jonas nous apprend seulement que Ninive était une grande ville ; mais rien dans le texte n'autorise à dire que cette ville eût *trois journées de* TOUR. Car le substantif מַהֲלַךְ, *marche, chemin,* dérivé du verbe הָלַךְ, *ivit,* n'a jamais signifié *tour, circuitus.* Cependant il ne manque pas d'expression en hébreu pour désigner la circonférence d'un lieu.

On viole donc le texte en donnant à Ninive une étendue que n'a aucune de nos grandes villes moder-nes. Les mots מַהֲלַךְ שְׁלֹשֶׁת יָמִים, signifient évi-demment qu'il faut *trois journées de marche pour parcourir tous les quartiers de la ville.* Ce qui le prouve, c'est que Jonas prêcha pénitence aux Nini-vites *une journée de marche* (מַהֲלַךְ יוֹם אֶחָד) DANS LA VILLE (בָּעִיר) ; et, pour remplir sa mission, le pro-phète ne faisait certainement pas le tour de la ville. L'interprétation que je donne ici est donc tout à la fois la plus rationnelle et la plus conforme au texte hébreu (1).

Chapitre IV, verset 11. Les cent mille Ninivites qui *ne savaient pas distinguer leur main droite de leur main gauche* (אֲשֶׁר לֹא יָדַע בֵּין־יְמִינוֹ לִשְׂמֹאלוֹ), ne donnent pas à la population de Ninive un chiffre trop exagéré, comparativement à ce qu'on pourrait trouver d'ignorants pécheurs à Paris ou à Londres.

NAHUM (700 ans avant J. C.).

Voici ce qu'on lit dans la prophétie contre Ninive :

---

(1) Cette interprétation est aussi celle de Théodoret et d'Ephraem.

J'effacerai [dit Jehovah] *ton nom de tout souvenir, je briserai les idoles de pierre et de métal* (פֶּסֶל וּמַסֵּכָה) *de la maison de ton Dieu...* (Chap. I, 14.)

Chapitre II, 7. *Les portes des fleuves s'ouvriront, et le palais sera entraîné.*

La destruction du *palais* (הַהֵיכָל), qui était sans doute le palais du roi (τὰ βασίλεια), est exprimée dans le texte avec une énergie inimitable : הַהֵיכָל נָמוֹג veut dire que le *palais sera fondu, dissous dans les eaux.* (נָמוֹג, niphal de מוּג, signifie *fondre, liquéfier, dissoudre.*)

Les mots שַׁעֲרֵי־הַנְּהָרוֹת, *portes des fleuves,* sont d'une certaine importance pour la topographie de Ninive. L'Euphrate s'appelle *le fleuve* par excellence הַנָּהָר (1), et le pluriel féminin הַנְּהָרוֹת, *les fleuves,* qui est ici employé, désigne à la fois l'Euphrate et le Tigre. Or, si, d'après l'ordre de Jehovah, Ninive devait être inondée par les portes, c'est-à-dire par *les ouvertures* de l'Euphrate et du Tigre, cette ville devait être nécessairement située quelque part dans l'espace compris entre ces deux fleuves. Comment concilier alors le texte de la Bible avec l'opinion de ceux qui placent Ninive en dehors de cet espace mésopotamique?

Le prophète continue ainsi (II, 9) : *Et Ninive* [est] *comme un étang, ce n'est plus que de l'eau*

(וְנִינְוֵה כִּבְרֵכַת־מַיִם מִימֵי הִיא).

Elle est ruinée, c'est un désert, elle est anéantie

(בּוּקָה וּמְבוּקָה וּמְבֻלָּקָה)

Vers. 11.

______

(1) Voy. *Genès.* XXXI, 21. *Exod.* XXXIII, 31.

Où est maintenant cette demeure de lions ?

(אַיֵּה מְעוֹן אֲרָיוֹת)

Vers. 12.

ZEPHANIAH (environ 650 ans avant J. C.).

Ce prophète se joignit à Nahum pour prédire la destruction complète de Ninive. Chap. II, 13 : *Jehovah étendra sa main vers le septentrion, il détruira Assur et* IL CHANGERA NINEVÈH EN UNE SOLITUDE ARIDE COMME LE DÉSERT

(וְיָשֵׂם אֶת־נִינְוֵה לִשְׁמָמָה צִיָּה כַּמִּדְבָּר)

Toutes ces prophéties furent accomplies. L'histoire l'atteste. Et la Bible est ici parfaitement d'accord avec les auteurs profanes, comme on va le voir.

II. AUTEURS PROFANES.

HÉRODOTE.

Le père de l'histoire avait visité la Babylonie et l'Assyrie vers l'an 440 avant J. C. ; ses paroles sont donc d'une grande autorité.

Liv. I, chap. 193. Après avoir parlé des canaux de l'Assyrie, il cite le *Tigre, sur lequel était bâtie la ville* [de] *Ninive (Ninus)* : Τίγριν, παρ' ὃν Νῖνος πόλις οἴκητο (1).

Liv. II, chap. 150. Pendant son séjour en Égypte, Hérodote apprit que le lac Mœris avait été creusé ar-

(1) Les historiens grecs donnent le même nom de *Ninus* à la ville de Ninive et à son fondateur.

1..

tificiellement. Sur sa demande ce qu'était devenue la terre retirée de ces fouilles, les habitants lui répondirent qu'elle avait été enlevée. Puis il ajoute : « *Je le crus sans peine* (εὐπετέως ἔπειθον); *car je savais par ouï-dire que quelque chose de semblable était arrivé dans Ninive, ville des Assyriens* (ἤδειν γὰρ λόγῳ καὶ ἐν Νίνῳ τῇ Ἀσσυρίων πόλι γενόμενον ἕτερον τοιοῦτο). *Des voleurs s'avisèrent de ravir les grandes richesses de Sardanapale, roi de Ninive, gardées dans des trésors souterrains* (φυλασσόμενα ἐν θησαυροῖσι καταγαίοισι). *En commençant de leurs maisons, ils continuèrent à creuser sous terre jusqu'à la demeure royale* (τὰ βασιλήϊα οἰκία); *ils profitèrent de la nuit pour enlever le déblai et le jeter dans le Tigre, qui coule à côté de Ninive* (ἐς τὸν Τίγριν ποταμὸν παραρρέοντα τὴν Νῖνον). »

Ainsi, Ninive était située sur le Tigre; mais Hérodote ne dit pas si elle était sur le bord oriental ou sur le bord occidental; il n'en indique pas même la distance de Babylone ni de toute autre ville, prise pour point de départ.

Liv. I, chap. 185. Dans ce chapitre, Ninive est seulement nommée. Nitocris, qui régna à Babylone *cinq générations* après Sémiramis, se fortifia derrière l'Euphrate, pour se mettre à l'abri des *Mèdes, qui s'étaient déjà emparés de plusieurs villes, parmi lesquelles était aussi Ninive* (ἄλλα τε ἀφαιρημένα ἄστεα αὐτοῖσι, ἐν δὲ δὴ καὶ τὴν Νῖνον).

Voilà donc Ninive tombée une première fois au pouvoir des Mèdes. Et la prise de cette ville eut lieu à une époque fort reculée, c'est-à-dire *à plus de mille ans avant* l'ère chrétienne, si l'on fait remonter le

règne de Sémiramis seulement à 1200 avant J. C.
Mais, comme cet événement dérange le calcul des chro-
nologistes, les uns déclarent qu'Hérodote s'est trompé,
et qu'au lieu de *cinq* générations, il faut lire *quinze* ;
les autres imaginent au moins deux Sémiramis, dont
la première serait fabuleuse ; d'autres enfin pensent
que l'erreur vient, non pas d'Hérodote, mais des prêtres
chaldéens, qui, en courtisans bien appris, voulaient
ménager la susceptibilité de Nabonassar, quoique ce
roi fût mort longtemps avant le voyage de l'historien
grec. Le champ est donc ouvert aux hypothèses.

Liv. I, chap. 102, 103, 106. Phraorte, fils de
Déjocès, après avoir soumis les différents peuples
de l'Asie (κατεστρέφετο τὴν Ἀσίην ἀπ' ἄλλου ἐπ' ἄλλο
ἰὼν ἔθνος), *tourna ses armes contre les Assyriens et contre ceux des Assyriens qui possédaient
Ninive, et qui étaient auparavant maîtres de tous*
[les autres] (στρατευσάμενος ἐπὶ τοὺς Ἀσσυρίους, καὶ Ἀσσυρίων τούτους οἳ Νῖνον εἶχον καὶ ἦρχον πρότερον πάν-
των). —Phraorte échoua dans cette entreprise, et périt
avec une grande partie de son armée.

Son fils, Cyaxare, introduisit le premier en Asie l'ordre et la discipline militaires ; le premier il distingua
les différentes espèces d'armes, et fit combattre, dans
des rangs séparés, les lanciers (αἰχμοφόρους), les archers
(τοξοφόρους) et les cavaliers (ἱππέας) ; car *auparavant
on combattait sans ordre et pêle-mêle* (πρὸ τοῦ δὲ
ἀναμὶξ ἦν πάντα ὁμοίως ἀναπεφυρμένα).

Ce passage, que je ne fais que signaler ici, sera d'un
grand secours dans l'appréciation des monuments retirés des fouilles de Korsabad, de Kouyunjik, etc.

Cyaxare marcha contre Ninive (ἐστρατεύετο ἐπὶ τὴν

Νῖνον), désirant renverser cette ville (τὴν πόλιν ταύτην θέλων ἐξέλειν), et venger son père. Il avait vaincu les Assyriens dans une première rencontre, et il assiégeait encore Ninive, lorsqu'il fut assailli par une grande armée de Scythes, sous la conduite de leur roi Madyès.

Les Scythes demeurèrent vingt-huit ans maîtres de l'Asie, et, dans cet intervalle, tout fut bouleversé par leurs excès (τὰ πάντα σφι ὑπό τε ὕβρεως καὶ ὀλιγωρίης ἀνάστατα ἦν). — Cependant Cyaxare en égorgea un grand nombre dans des repas où il les enivrait. C'est ainsi que les Mèdes parvinrent à ressaisir leur premier pouvoir. Ils prirent ensuite Ninive, et soumirent les Assyriens, à l'exception du territoire babylonien (τήν τε Νῖνον εἷλον, καὶ τοὺς Ἀσσυρίους ὑποχειρίους ἐποιήσαντο, πλὴν τῆς Βαβυλωνίης μοίρης).

Hérodote renvoie les détails du siége et de la destruction de cette ville à son ouvrage sur l'Assyrie, qui malheureusement ne nous est pas parvenu (1).

Ainsi, Ninive tomba une seconde fois au pouvoir des Mèdes. On place cet événement dans l'année 625 ou 606 avant J. C.

CTÉSIAS.

Dans ce qui concerne l'histoire des Assyriens, Diodore avait pris pour guide Ctésias. Celui-ci avait composé une histoire des Perses (*Persica*), sur des documents puisés aux archives de l'empire des Perses. On sait que Ctésias fut longtemps médecin du roi Artaxer-

(1) Dans un autre passage (I, 178), Hérodote rappelle de nouveau la destruction de la capitale des Assyriens, en ajoutant que depuis cet événement (τῆς Νίνου ἀναστάτου γενομένης), Babylone devint le siége de l'empire.

xès Memnon, et qu'il se trouva à la bataille de Cunaxa (en 401 avant J. C.). Il devait donc connaître
l'Assyrie, pour le moins aussi bien qu'Hérodote.

Voici maintenant ce que Ctésias nous apprend relativement à Ninive.

Diodor., liv. II, chap. 3. « Ninus se hâta de cons-
truire une ville si considérable, que non-seulement elle
devait surpasser en grandeur toutes les autres villes,
mais qu'il devait être difficile à la postérité d'en voir
une plus grande..... Il rassembla donc de tous côtés,
sur *les bords de l'Euphrate* (ἐπὶ τὸν Εὐφράτην ποταμόν), des troupes [d'ouvriers] et des matériaux, et il
fonda une ville bien fortifiée, ayant une forme oblon-
gue. Les plus longs côtés de la ville étaient de cent
cinquante stades, et les plus courts de quatre-vingt-dix,
de telle façon que la totalité de l'enceinte était de
quatre cent quatre-vingts stades (1). Et en effet, personne n'a bâti, par la suite, de ville semblable en étendue..... *Le mur avait cent pieds de haut, et il était
assez large pour que trois chars pussent y mar-
cher de front* (2). Le nombre total des tours était de
quinze cents ; elles avaient chacune deux cents pieds
d'élévation. Il la fit habiter par des gens qui étaient,
pour la plupart, des Assyriens très-puissants, et il y
admit aussi les volontaires des autres nations. Il appela
la ville, de son nom, Ninus, et assigna aux habitants une
grande partie du pays limitrophe. »

Ibid., chap. 7. « Sémiramis fit ensevelir Ninus dans

____

(1) Hérodote (*Voy.* liv. I, chap. 178) donne exactement la même étendue
à Babylone.

(2) Voir plus loin les dimensions que Xénophon donne au mur de *Larissa*, ville en ruines, sur les bords du Tigre.

le palais royal, et fit élever sur sa tombe une terrasse immense (χῶμα παμμέγεθες), qui avait, au rapport de Ctésias, neuf stades de haut et dix de large. *Comme la ville est située dans la plaine, sur l'Euphrate* (τῆς πόλεως παρὰ τὸν Εὐφράτην ἐν πεδίῳ κειμένης), cette terrasse s'aperçoit de très-loin, semblable à une citadelle; elle existe, dit-on, encore aujourd'hui, bien que *Ninive eût été ruinée de fond en comble par les Mèdes* (τῆς Νίνου κατεσκαμμένης ὑπὸ Μήδων), lorsqu'ils mirent fin à l'empire des Assyriens (1). »

Arbace, chef des Mèdes, se ligua avec Bélésys, commandant de Babylone, pour détrôner Sardanapale. Après une première défaite, Sardanapale se retira dans Ninive pour la défendre, et donna le commandement de l'armée à Salæmène, son beau-frère. « Les rebelles, continue l'historien, s'étant rangés en bataille *dans la plaine située devant la ville* (κατὰ τὸ πεδίον τὸ πρὸ τῆς πόλεως), vainquirent les Assyriens dans deux combats; ils tuèrent Salæmène et massacrèrent une partie de ses soldats dans la fuite; les autres, *coupés dans leur retraite sur la ville, furent forcés de se jeter dans l'Euphrate* (τοὺς δ' ἀποκλεισθέντας τῆς εἰς τὴν πόλιν ἐπανόδου, καὶ συναναγκασθέντας ἑαυτοὺς ῥίπτειν εἰς τὸν Εὐφράτην ποταμόν), où ils périrent presque tous. Le nombre des morts fut si grand, que le fleuve conserva dans un long trajet la couleur du sang dont il était teint. Le roi, assiégé dans l'enceinte de la ville, fut abandonné de la plupart de ses peuples, impatients de recouvrer leur liberté. Voyant son empire réduit à la dernière extrémité, Sardanapale envoya ses trois fils et deux filles, avec de grandes richesses, dans la Paphla-

____

(1) Tom. I, p. 121, de ma traduction de Diodore.

gonie, auprès de Cotta, le plus dévoué de ses gouver-
neurs. En même temps, il dépêcha dans toutes les pro-
vinces des messagers avec des ordres écrits (βιβλιαφόρους),
pour y faire lever des troupes et préparer ce qui était
nécessaire pour soutenir un siége. Un ancien oracle
avait dit que Ninive ne serait jamais prise d'assaut, à
moins que le fleuve lui-même ne se déclarât ennemi
de la ville. Or, ne s'imaginant pas que pareille chose
pût jamais avoir lieu, et plein d'espérance, il se dis-
posa à soutenir le siége en attendant les secours qu'il
avait ordonnés. » (Diod., II, 26.)

« Exaltés par leurs succès, les rebelles pressèrent le
siége ; mais ils ne purent faire aucun mal à ceux qui
étaient dans la ville, défendus par la fortification des
murs. Car les *catapultes* (πετροβόλοι), les *tortues* (χε-
λῶναι χωστρίδες) et les *béliers* (κριοί), *machines desti-
nées à battre les murs en brèche* (πρὸς ἀνατροπὴν μεμη-
χανημένοι τειχῶν), *n'étaient pas encore inventés dans
ces temps* (οὔπω κατ' ἐκείνους τοὺς καιροὺς ἐξεύρηντο) (1).
Le roi eut soin de fournir aux habitants de la ville toutes
sortes de provisions en abondance. Le siége traînait
donc en longueur : pendant deux ans on se contentait
d'attaquer les murs et de couper les convois. La troisième année, il arriva que *l'Euphrate, dans une crue,
inonda une partie de la ville* (τὸν Εὐφράτην μέγαν γενόμενον κατακλύσαι τε μέρος τῆς πόλεως), et renversa le
mur dans une étendue de vingt stades. Ce fut alors que
le roi, persuadé de l'accomplissement de l'oracle, dé-
sespéra de son salut. Pour ne pas tomber entre les
mains des ennemis, il dressa dans son palais un immense

____

(1) Nous reviendrons sur ce passage dans l'appréciation des monuments
de la prétendue Ninive.

bûcher, et y entassa tout son or, son argent, et là-dessus toute sa garde-robe royale (τὴν βασιλικὴν ἐσθῆτα), et,
s'enfermant avec ses femmes et ses eunuques dans une
chambre construite au milieu du bûcher, il se fit ainsi
réduire en cendres avec ses gens et son palais. Instruits
de la mort de Sardanapale, les rebelles entrèrent par
la brèche dans la ville, et s'en emparèrent. Ils revêti-
rent Arbace du manteau royal (τὴν βασιλικὴν στολήν), le
proclamèrent roi et lui déférèrent l'autorité souveraine.

« Le nouveau roi distribua à ses compagnons d'armes des récompenses, et nomma des satrapes. Bélésys,
le Babylonien, qui avait prédit l'avénement d'Arbace,
se présenta à lui pour lui rappeler ses services, et ré-
clamer le gouvernement de la Babylonie, qui lui avait
été promis dès le commencement. Il lui déclara aussi
que, dans le temps où le sort était encore incertain, il
avait fait vœu à Bélus, que si l'on réussissait à se rendre maître de Sardanapale et à brûler son palais, il en
transporterait les cendres à Babylone, et qu'il élèverait,
près du temple de ce dieu, une terrasse (χῶμα) desti-
née à rappeler *aux navigateurs de l'Euphrate* (τοῖς
κατὰ τὸν Εὐφράτην πλέουσιν) le souvenir de la destruction de l'empire des Assyriens. Il faisait cette demande
parce qu'il avait appris, d'un eunuque qui s'était réfugié
chez lui, ce qui devait s'y trouver d'or et d'argent. Arbace, ne sachant rien de tout cela, parce que le roi
s'était fait brûler dans son palais avec tous les siens, re-
mit les cendres à Bélésys, et lui accorda la Babylonie
exempte de tribut. Bélésys fit ensuite *appareiller des
barques, et les envoya à Babylone chargées de la
plus grande partie des cendres avec l'or et l'argent y
contenus.* Cependant, la chose s'étant ébruitée, le roi

nomma pour juges de cette affaire les chefs qui avaient été ses compagnons d'armes. L'accusé avoua son crime devant le tribunal, qui le condamna à mort. Mais le roi, plein de magnanimité, et voulant signaler le commencement de son règne par un acte de générosité, fit grâce à Bélésys, et lui laissa l'argent et l'or dérobés. Il ne lui ôta pas non plus le gouvernement de la Babylonie, jugeant les services rendus plus grands que les torts qu'il avait reçus. Le bruit de cette modération se répandit partout, et il en recueillit une estime universelle : tout le monde jugeait digne de la royauté celui qui savait ainsi pardonner. Arbace se conduisit avec douceur à l'égard des habitants de Ninive : après leur avoir à tous remis leurs biens, *il les transplanta dans des villages* (αὐτοὺς μὲν κατὰ κώμας διῴκισε), ET RASA LA VILLE (τὴν δὲ πόλιν εἰς ἔδαφος κατέσκαψεν) (1). » (Diod., II, 27 et 28.)

Tel est le récit de Ctésias, conservé par Diodore. Il en résulte que :

1° Ninive était située, non pas sur le Tigre, mais sur l'*Euphrate* (2). Ce fait est reproduit, comme nous venons de le voir, dans plus de quatre passages différents, et garanti par tous les manuscrits de l'auteur. Les détails mêmes du récit exigent que Ninive fût sur les bords de l'Euphrate. On violerait le

(1) Tome I, p. 142-144, de ma traduction.

(2) Le récit de Ctésias est en partie reproduit dans un fragment de Nicolas Damascène, découvert, à la Bibliothèque de l'Escurial par M. Charles Müller. Dans ce fragment, Ninive n'est nommée qu'une seule fois et se trouve placée sur le Tigre (τὸν Τίγριν ποταμὸν ῥέοντα πλησίον τῆς Νίνου καὶ προσκλύζοντα τὸ τεῖχος). Reste à savoir si Nicolas Damascène fut un meilleur copiste que Diodore. (C. Müller, *fragm. hist. græc.*, tom. III, p. 858, édit. Didot.)

texte en substituant le nom du Tigre à celui de l'Euphrate. Et pour infirmer le témoignage du médecin d'Artaxerxès, on ne saurait alléguer les limites qu'il donne à l'Assyrie ; car, du temps d'Hérodote et de Ctésias, le nom de *Syrie* ou d'*Assyrie* avait un sens assez vague et beaucoup plus étendu. Hérodote donne même le nom d'*Assyrie* à la Babylonie (1).

2° La ville de Sardanapale, bâtie par Ninus, fut ruinée de fond en comble, et ses habitants dispersés dans des villages.

Cet événement arriva à une époque qui varie, suivant les auteurs, entre 843, 840, 830, 827, 822, 816, etc., avant J. C. (2).

Mais, si Arbace, chef des Mèdes, rasa la ville de Ninive et mit fin à l'empire des Assyriens, que faut-il penser de la prise de Ninive par Cyaxare, arrivée en 625 ou 606 avant J. C.? A-t-on reconstruit une nouvelle Ninive, non plus sur l'Euphrate, mais sur le Tigre? et devint-elle, dans un intervalle assez court, aussi florissante que l'ancienne? Comment et quand les rois mèdes, successeurs d'Arbace, furent-ils chassés, et cédèrent-ils la place à une nouvelle dynastie assyrienne (3)? Encore une fois le champ ouvert aux hypothèses.

XÉNOPHON (expédition de Cyrus le jeune).

Après la bataille de Cunaxa, livrée en 401 avant J. C., Xénophon se retira, avec les débris de l'armée

______

(1) Hérodote, I, 192, 193, 194.

(2) Voy. Ch. Müller, *Castoris reliquiæ*, p. 159 et suivantes, à la fin d'Hérodote, *ed.* Didot.

(3) J'entreprendrai, dans un travail spécial, l'examen des difficultés inextricables que présentent la chronologie et l'histoire des rois assyriens.

grecque, le long du Tigre ; il indiqua avec soin toutes
les villes, même les villes en ruines par où il passa, et
il ne nomma pas une seule fois Ninive. Il devait cependant avoir foulé l'emplacement présumé de la ville
de Ninus ; car voici, sur le bord oriental du Tigre, le
tracé de son itinéraire :

Après la bataille où Cyrus, frère d'Artaxerxès, per-
dit la vie, Xénophon se retira avec les débris de l'armée grecque ; il passa d'abord le Tigre sur un pont
de bateaux, à la hauteur du canal qui joint l'Euphrate
au Tigre (1).

Longeant ensuite le bord oriental du Tigre, il at-
teignit, après quatre étapes (σταθμούς), vingt parasanges, la rivière Physcus, d'un plèthre de largeur. Cette
rivière avait un pont, et là était *une grande ville* habitée (καὶ ἐνταῦθα ᾤκεῖτο πόλις μεγάλη), nommée *Opis* (2).
— De là, il traversa la *Médie, contrée déserte pendant
six étapes* (διὰ τῆς Μηδίας σταθμοὺς ἐρήμους ἕξ) (3),
trente parasanges, et entra dans les villages de Parysa-
tis, mère de Cyrus et du roi. — De là, il continua sa
marche, pendant quatre étapes, vingt parasanges, à
travers un pays également désert, en ayant le Tigre à
sa gauche (τὸν Τίγρητα ποταμὸν ἐν ἀριστερᾷ ἔχοντες).
Dans la première étape, il vit au delà du fleuve (πέραν
τοῦ ποταμοῦ) *une grande ville habitée et riche, nommée Cænes* (πόλις ᾤκεῖτο μεγάλη καὶ εὐδαίμων ὄνομα
Καιναί), d'où les Barbares amenèrent, sur des radeaux

(1) Xenoph., *Anabasis*, II, 3.

(2) La ville d'Opis se trouvait donc exactement à l'embouchure du Physcus dans le Tigre. C'est ce que n'indiquent pas toutes les cartes.

(3) Xénophon appelle ici *Médie* ce que des auteurs plus récents nom-
ment *Assyrie*.

de peaux, du pain, du fromage et du vin (1). — Il arriva ensuite au bord du Zapatas (ἐπὶ τὸν Ζαπάταν ποταμόν), de quatre plèthres de large ; il le passa avec ses troupes, harcelées par les Barbares (2). Après avoir, plus loin, traversé un ravin (χαράδρα) (3), il continua sa marche le long du Tigre. « *Là, était une grande ville déserte* (ἐνταῦθα πόλις ἦν ἐρήμη μεγάλη), nommée *Larissa. Elle était anciennement habitée par des Mèdes; son mur avait vingt-cinq pieds de large, sur cent pieds de haut* (4); *il avait deux parasanges de tour; il était construit en briques cuites* (ᾠκοδόμητο πλίνθοις κεραμίαις), *mais la base était en pierre de taille* (κρηπὶς δὲ ὑπῆν λιθίνη) *jusqu'à la hauteur de vingt pieds*. Les Perses, lorsqu'ils succédèrent aux Mèdes, l'assiégèrent sans succès ; il fallut une intervention en quelque sorte divine pour s'en emparer. » — « A côté de cette ville, continue l'historien, était une pyramide en pierre (πυραμὶς λιθίνη), d'un plèthre de large sur deux plèthres de haut. »

De là, il marcha une étape, six parasanges, jusqu'à *un grand mur abandonné* (τεῖχος ἔρημον μέγα), situé près d'une ville. Le nom de cette ville était *Mespila* (Μέσπιλα). « *Les Mèdes l'habitaient jadis* (Μῆδοι δ' αὐτήν ποτε ᾤκουν). *La base du mur était en pierre polie, incrustée de coquillages* (ἦν δὲ ἡ μὲν κρηπὶς λίθου ξεστοῦ κογχυλιάτου), ayant cinquante pieds d'épaisseur,

---

(1) Xénoph. *Anab.* II, 4.

(2) Quelques cartes indiquent Cænes inexactement au delà ou à l'embouchure même du Zapatas.

(3) Peut-être le *Lycus*.

(4) Je ferai remarquer que ce sont à peu près les dimensions que l'on donnait à l'enceinte de Ninive.

sur autant de haut. Sur cette base était bâti un mur
de briques (πλίνθινον τεῖχος), de cinquante pieds de
large sur cent de haut; le circuit était de six parasanges. Là, se réfugia, dit-on, Medeia, femme du roi, à
l'époque où les Perses renversèrent l'empire des Mèdes.»
— De là, Xénophon s'avança de quatre parasanges, et
rencontra des villages riches en provisions. Il traversa
ensuite une plaine; il vit un *château royal et beaucoup
de villages à l'entour* (βασίλειόν τι καὶ περὶ αὐτὸ κώμας
πολλάς). Il fallait, pour s'y rendre, traverser des collines
élevées, qui tenaient à une montagne (οἳ καθῆκον ἀπὸ τοῦ
ὄρους), au pied de laquelle était un village (1). Là, les
Grecs se consultèrent sur leur marche ultérieure. Leur
embarras était grand : d'un côté, une chaîne de monta-
gnes élevées se rapprochant de plus en plus du Tigre;
de l'autre, le fleuve, dont on ne pouvait toucher le
fond en le sondant avec des piques. Enfin, sur quelques indications données par des indigènes, ils se di-
rigèrent vers le pays montagneux des Carduques, limitrophe de l'Arménie (2).

Tel est l'itinéraire qu'on aurait dû avoir sous les
yeux lorsqu'on entreprit des fouilles sur les bords et
à quelque distance du Tigre. C'est ainsi qu'on aurait
pu s'assurer si les ruines découvertes par MM. Botta et
Layard, ne pourraient se rapporter à celles de *Larissa*,
de *Mespila* ou de ce *château royal entouré de villages*. Peut-être plus bas trouverait-on encore quelques vestiges de Cænes et d'Opis. A coup sûr, le célèbre
historien, qui longea la rive orientale du Tigre à une époque où les ruines de Ninive auraient dû être encore par-

(1) Xénoph. *Anab.*, III, 4.
(2) *Ibid.*, III, 5.

faitement (1) reconnaissables, était un meilleur guide
que les Arabes modernes pour lesquels toutes les tours
ou cités en ruines sont l'œuvre de Némroud (2).

EXPÉDITION D'ALEXANDRE LE GRAND.

La bataille de Gaugamela, qui mit fin à l'empire de
Darius, fut livrée dans le voisinage de l'emplacement
présumé de Ninive. Cependant les historiens d'A-
lexandre le Grand ne mentionnent aucunement cette
ville. Je me trompe; car voici ce que dit l'un des plus
anciens.

« Darius partit de Babylone à la tête de toutes ses
troupes..... *Dans sa marche, il avait le Tigre à
sa droite et l'Euphrate à sa gauche* (κατὰ δὲ τὴν ὁδοι-
πορίαν δεξιὸν μὲν ἔχων τὸν Τίγριν, ἀριστερὸν δὲ τὸν Εὐφράτην)..... Car il avait hâte de livrer bataille dans
les plaines de Ninive, si propres au déploiement d'une
grande armée (3). » — Darius changea ensuite de di-
rection, il traversa le Tigre, et s'avança dans les plaines d'Arbèles, ayant ce fleuve à sa gauche.

Ainsi, la ville de Ninus était située dans la Mésopotamie, et si elle était sur le Tigre, comme le dit Hérodote,
elle ne pouvait être que sur la rive droite ou occiden-

______

(1) Lors du passage de Xénophon, il n'y avait que 225 ans depuis la
destruction de Ninive par Cyaxare, en admettant pour cet événement la
date de 625 avant J. C.

(2) Aucune saine critique ne peut ici faire intervenir l'autorité des tradi-
tions locales qui placent, par exemple, le tombeau de Jonas dans le voisinage de la cité même dont ce prophète avait prédit la ruine. Non-seulement
on ne peut citer aucun témoignage historique à l'appui, mais d'autres tradi-
tions, tout aussi respectables, placent ce même tombeau à Geth, dans la
Galilée. Voy. Rosenmüller, *Schol. Proph. min.* vol. II, p. 315.

(3) Diodore, XVII, 53.

tale. Ce témoignage de Diodore est corroboré par celui de Quinte-Curce : *Darius Babylone copias movit. A parte dextra erat Tigris, nobilis fluvius ; lœvam tegebat Euphrates ; agmen Mesopotamiœ campos impleverat. Tigri deinde superato, etc.* (1).

Arrien lui-même semble l'appuyer en disant que le Tigre, venant de l'Arménie, forme, avec l'Euphrate, une contrée intermédiaire appelée pour cela *Mésopotamie*, et qu'il coule près de Ninive, jadis ville grande et riche (2).

Les ouvrages de Baeton, de Diognète et d'Amyntas, auraient pu répandre beaucoup de lumière sur la géographie encore si obscure de l'Orient. Malheureusement, ils n'ont point survécu aux ravages du temps. Amyntas, qu'on suppose avoir fait partie de l'expédition d'Alexandre, avait composé un livre intitulé : Σταθμοὶ Ἀσίας. Athénée, qui en a conservé quelques faibles fragments, s'exprime ainsi (*Deipn.* XII, p. 529, édit. Schweigh., et *Reliqua scriptorum de rebus Alexandri magni*, édit. Car. Muller, *in Arrian. Anab.* ; édit. Didot, p. 136) : « Amyntas, dans le troisième livre des *Stathmes*, dit qu'il y avait dans [le territoire] de Ninive un tertre élevé (χῶμα ὑψηλόν), que *Cyrus* (3) fit démolir pendant le siége pour s'en faire un rempart contre la ville. On raconte que ce tertre était [le tombeau] de Sardanapale, roi de Ninive, et qu'il y avait sur

----

(1) Quint. Curt., IV, 916.

(2) Arrian. *Indica*, 42. Faut-il voir dans ce passage quelque allusion à la ville moderne ?

(3) Au lieu de *Cyrus*, il faut probablement lire *Cyaxare* ; à moins qu'on ne veuille admettre que Ninive, détruite par Cyaxare, avait été de nouveau relevée de ses ruines pour être renversée une troisième fois, peu de temps après son second rétablissement.

une colonne de pierre (ἐν στήλῃ λιθίνῃ) cette inscrip-tion gravée en *lettres chaldéennes* (Χαλδαϊκοῖς γράμ-μασιν), que Chœrile a rendue par ces vers : J'ai régné, et tant que je voyais la lumière du soleil, je buvais, je mangeais, je me livrais à l'amour, sachant que la vie est courte, etc. (1). »

Je constate, par cette citation, que l'inscription qu'on lisait sur l'un des monuments de l'antique Ninive, étaient en *caractères chaldéens*.

STRABON.

C'est le seul auteur ancien qui place positivement la ville de Ninus sur la rive orientale du Tigre. Voici ce qu'il dit : « *La ville de Ninive fut donc anéantie* (ἡ μὲν οὖν Νῖνος πόλις ἠφανίσθη) aussitôt après la destruc-tion de l'empire des Syriens (2). Elle était beaucoup plus grande que Babylone (3), et *située dans une plaine de l'Aturie* (ἐν πεδίῳ κειμένη τῆς Ἀτουρίας). L'Aturie est limitrophe du pays d'Arbèles (τοῖς περὶ Ἄρβηλα τόποις ὅμορός ἐστι), et en est séparée par le fleuve Lycus. Ar-

(1) Ces vers, bien connus, du poëte Chœrile, sont aussi cités par Stra-bon, par saint Clément d'Alexandrie et autres.

(2) *Syriens* et *Assyriens* sont ici synonymes. C'est ce que Strabon nous ap-prend lui-même : « Lorsque les historiens disent que les Syriens furent renversés par les Mèdes, ils entendent par *Syriens* ceux qui avaient le siége de leur empire à Babylone et à Ninive. Parmi eux on compte Ninus, qui fonda Ninive dans l'Aturie. » (Strab. XVI, 1.)

(3) J'avais d'abord pensé que c'était par un *lapsus calami* que M. de Saulcy avait mis sur le compte de *Strabon* l'enceinte de 480 stades. Mais comme cette assertion se trouve reproduite une seconde fois dans le même article (*Moniteur*, 15 janvier 1850), je me permettrai de rappeler à l'illustre acadé-micien que ce n'est pas Strabon, mais *Ctésias* qui donne à l'enceinte de Ni-nive une étendue de 480 stades, c'est-à-dire que c'est la même autorité qui place Ninive sur les *bords de l'Euphrate*. (Voir plus haut.)

bèles dépend de la Babylonie (τὰ Ἄρβηλα τῆς Βαβυλωνίας ὑπάρχει), dans laquelle elle est comprise (ἃ κατ᾽ αὐτήν ἐστίν) (1). Mais au delà du Lycus (ἐν δὲ τῇ περαίᾳ τοῦ Λύκου) sont *les plaines de l'Aturie qui entourent Ninive* (τὰ τῆς Ἀτουρίας πεδία τῇ Νίνῳ περίκειται) (2). »

Il résulte de ce passage, que la capitale de l'empire assyrien était, en effet, située au delà du Tigre, quelque part dans l'Aturie; mais Strabon ne nous apprend absolument rien relativement à la position de cette ville sur le bord oriental de ce fleuve, qu'il ne nomme même pas. Ce n'est pas tout; les mots τὰ τῆς Ἀτουρίας πεδία τῇ Νίνῳ περίκειται donnent évidemment à entendre que Ninive était située *au milieu d'un pays de plaine*. Elle n'était donc pas baignée par les eaux du Tigre. Mais alors Strabon se trouve en opposition formelle avec Hérodote (3). Ainsi, le témoignage tant invoqué de Strabon, loin de résoudre la difficulté, ajoute encore à nos incertitudes.

PLINE.

Pline l'ancien, qui périt, en l'an 79 de J. C., victime de son zèle pour la science, est loin de s'accorder avec Strabon. Car il déclare en termes formels que cette ville était située sur le Tigre, non pas au delà, mais *en deçà du fleuve*, c'est-à-dire sur *la*

______

(1) Strabon donne ici, d'une part, à la Babylonie une étendue trop exagérée; de l'autre, il renferme l'Aturie dans des limites trop étroites; car *Aturie* n'est que la forme chaldéenne du mot *Assyrie*. On sait que c'est un des principaux caractères du chaldéen de substituer souvent aux sifflantes *s* ou *z* les dentales *d* ou *t*. Ainsi, au lieu de צוּר rocher, on dit טוּר, au lieu de זָהָב, or, דָּהָב, etc.

(2) Strabon, XVI, 1.

(3) Voy. plus haut, pag. 10.

rive droite ou *occidentale : Fuit Ninus imposita Tigri, ad solis occasum spectans* (1).

LUCIEN.

Lucien, né un an après la mort de Pline, parle en termes très-explicites de la destruction complète de Ninive. Voici le texte du passage où le nautonier Caron demande à Mercure de lui montrer les fameuses cités (τὰς πόλεις δὲ τὰς ἐπισήμους δεῖξόν μοι ἤδη), comme *Ninive, la ville de Sardanapale* (τὴν Νῖνον τὴν Σαρδαναπάλου), Babylone, Ilion, etc.

Mercure répond : Ἡ Νῖνος μὲν, ὦ πορθμεῦ, ἀπόλωλεν ἤδη, καὶ οὐδὲ ἴχνος ἔτι λοιπόν, οὐδ' ἂν εἴποις ὅπου ποτ' ἦν (2).

Ninive, ô nautonnier (je traduis littéralement), *est déjà détruite; et il n'en reste pas même de vestige;* TU NE DIRAIS MÊME PAS OU ELLE ÉTAIT JADIS.

Lucien était de Samosate, sur l'Euphrate, conséquemment pas très-loin de l'emplacement de la ville de Sardanapale. Écrivain instruit et indépendant, il avait sans doute lui-même vérifié ce qu'il met dans la bouche de Mercure; car s'il avait outragé la vérité, ses contemporains, qu'il raillait avec une verve si impitoyable, ne se seraient pas fait faute de lui en faire un reproche.

L'objection, que l'auteur place lui-même son dialogue à l'époque où vivait le fameux athlète Milon de Crotone, c'est-à-dire 125 ans environ après la

____

(1) Pline, *Hist. nat.*, VI, 13.
(2) Lucian. in *Charon.* p. 23 (*édit.* Didot)

destruction de Ninive par Cyaxare, est loin de nuire
à ma cause; car si déjà alors on ne voyait plus de
vestiges de la ville de Sardanapale, à bien plus forte
raison n'en devait-il plus rester du temps de Lucien.

PHILOSTRATE (en 244 de J. C.).

L'auteur de la Vie d'Apollonius de Tyane ajoute encore à nos doutes relativement à la situation de Ninive; car il place cette ville, non plus sur le Tigre,
mais tout à fait en dehors de la Mésopotamie, à une
certaine distance de la rive occidentale de l'Euphrate, sur
la route d'Antioche à Hiérapolis, ou plutôt à Hiérapolis même. « Apollonius, dit-il, part d'Antioche et
arrive dans l'ancienne Ninive (ἀφικνεῖται ἐς τὴν ἀρχαίαν
Νῖνον), où se trouve érigée une statue dans un genre bar-
bare (ἐν ᾗ ἄγαλμα ἵδρυται τρόπον βάρβαρον). » Puis, il
donne une courte description de cette statue qui por-
tait de petites cornes aux tempes (1). Or cette *ancienne Ninive* était *Hiérapolis*.

Ce témoignage est corroboré par un écrivain origi-
naire d'Antioche, par Ammien Marcellin, d'après lequel
Hiérapolis est l'ancienne Ninive, *vetus Ninus* (2).

Il est à remarquer que ce même écrivain parle d'une
autre Ninive (*Ninus* et *Nineve*) qu'il place bien loin
d'Hiérapolis, dans l'Adiabène, au delà du Tigre (3).

(1) *Philostrat. Vita Apollon.* (I, 3, édit. Didot ; pag. 10, édit. Kayser).
Dans un autre passage (I, 19) l'auteur raconte que Damis, compagnon d'Apollonius, avait autrefois habité cette ancienne Ninive (Δάμις ἄνηρ οὐκ ἄσοφος
τὴν ἀρχαίαν ποτ'οἰκῶν Νῖνον). Voyez aussi, III, 58 : ἐπὶ τὴν Νῖνον ἐλθεῖν
αὖθις. — Lucian. de *Dea Syr.*

(2) Am. Marcell. XIV, 8, 7. *Commagena, nunc Euphratensis, clementer
adsurgit;* HIERAPOLI, VETERE NINO, *et Samosata civitatibus amplis illustris.*

(3) Am. Marcell. XXIII, 6, 22. *In hac Adiabena Ninus est civitas, quæ*

Tacite (1), *Ptolémée* (2), *Théophane* (3), *Cedrenus* (4), et autres (5), mentionnent aussi une ville de Ninive (*Ninos, Ninevi*) comme existante de leur temps, entre le Zabatas (Lycus) et le Tigre. Il y avait donc, à une époque assez récente, une ville, peut-être même plusieurs villes ou villages, qui portaient le nom de l'ancienne capitale des Assyriens. C'est ainsi que l'on compte trois Ilion, deux Ecbatane, plus d'une Carthage, etc.; et ces villes de même nom étaient presque toujours situées dans des endroits différents; car le terrain d'une cité détruite était sacré ou maudit.

Aucun des auteurs qui parlent de la nouvelle Ninive prise par Héraclius, n'est antérieur à l'ère chrétienne. Sa fondation n'est donc pas fort ancienne. Mais il serait oiseux d'insister là-dessus; car ce ne sont point les ruines de cette nouvelle Ninive dont Ptolémée a fixé, au deuxième siècle de notre ère, la position géographique; mais celles de la Ninive antique détruite par Cyaxare, en 625 avant J. C., qu'on veut avoir retrouvées de nos jours.

olim Persidis regna possederat. Et lib. XXIII, 7. *Postquam reges, Nineve Adiabene ingenti civitate transmissa,* etc.

(1) Tacit. *Annal.* XII, 13 : *Tramisso amne Tigri, permeant Adiabenos.... sed capta in transitu urbs Ninos,* etc.

(2) Ptolémée (*Geograph.*, VI, 1, p. 169, édit. Bertii, Amstelod., 1618, in-fol.) en énumérant les villes et les villages de l'Assyrie situés le long de la partie du Tigre (πόλεις δέ εἰσι καὶ κῶμαι τῆς Ἀσσυρίας; παρὰ μὲν τὸ τοῦ Τίγριδος μέρος) fixe la position d'une Ninive (Νῖνος) à 36° 40' latit. et 70° 30' longit.

(3) Theophan. *Chronograph.* (*Corpus Histor. Byzant.*, édit. Bonn. vol. 1, p. 492). Héraclius prit *Ninevi*, et passa le grand *Zabas* (Lycus) : καὶ καταλαβὼν τὴν Νινευί, καὶ περάσας ὁ βασιλεὺς τὸν μέγαν ποταμὸν Ζαβᾶν.

(4) Cedrenus, vol. 1, p. 730 : διαβὰς τὸν Ζαβᾶν ποτάμον πλησίον τῆς πόλεως Νινευὶ κατεσκήνωσε.

(5) Voy. Abulfaradj, *Hist. dynast.* p. 444. Voy. aussi Aboulféda et Tuch, *Comment. geograph.*

RÉSUMÉ.

Il résulte des documents qui précèdent, que les auteurs anciens ne s'accordent point entre eux sur la position géographique de l'antique Ninive; qu'ils la placent tantôt entre l'Euphrate et le Tigre, tantôt sur l'Euphrate même, tantôt enfin sur le Tigre. Et, en admettant cette dernière opinion, on ignore encore s'il faut la placer sur le bord oriental, ou sur le bord occidental de ce fleuve. En présence de ces témoignages si divergents, quelle règle convient-il de suivre?

Un juge passionné, partial, se prononcera pour celui qui cadre le mieux avec ses idées personnelles, avec son opinion d'avance arrêtée. Ne pouvant nier les autres témoignages, il cherchera, par tous les moyens imaginables, à en diminuer la valeur. Cela s'appelle quelquefois de la critique; c'est d'un autre nom qu'il faudrait l'appeler.

Un juge calme, impartial, hésitera; il reconnaîtra loyalement l'impossibilité de vider le procès, faute de preuves convaincantes, visibles, palpables.

Les anciens nous laissent dans le doute et dans l'incertitude relativement à la situation de l'antique Ninive. Pourquoi? c'est que déjà à une époque fort reculée il ne restait plus de preuves, c'est-à-dire de vestiges de la capitale des rois assyriens.

L'antique Ninive fut détruite de fond en comble.

Ce fait capital est attesté par tous les témoignages, tant sacrés que profanes ; et il explique ce qui précède. Les paroles du prophète : « Ninive sera anéantie, et on se demandera : où est maintenant cette demeure de lions? » ont reçu leur accomplissement. L'histoire le crie aux plus incrédules. Il importe peu de savoir au juste à quelle époque et combien de fois Ninive fut détruite ; il est même inutile de savoir où elle était située. Il suffit de constater que la ville d'Asarhaddon fut si bien anéantie, que quelque temps après on ne s'accordait plus sur son emplacement.

Ce que l'on cherchait en vain il y a plus de deux mille ans, peut-on prétendre l'avoir trouvé aujourd'hui? S'il en est ainsi, il faut avouer que les fouilles de Khorsabad, de Kouyunjik, de Keramles, de Nimroud, etc., ont dépassé tout ce qu'on saurait imaginer ; car, ce ne sont pas d'insignifiants débris qu'on y a trouvés, mais des statues colossales intactes, mais des bas-reliefs conservant leurs lignes de sculpture les plus délicates, mais des chambres entières, mais des murs debout, mais des palais avec leur portail, mais des peintures aux couleurs vives, et jusqu'à des traces d'incendie ; et cela, non pas dans un point très-limité, mais dans un espace qui donnerait à Ninive une étendue fabuleuse.

Si ces belles et immenses ruines sont celles de Ninive, les anciens étaient fous ou aveugles en ne s'accordant pas entre eux sur la place que cette ville avait occupée. Et, en présence des décombres informes de la rivale de Ninive, ne deviennent-elles pas un insurmontable embarras? Voilà plus de deux mille quatre cents ans que Ninive est ruinée, et il ne nous reste que quelques misérables briques de la fameuse Babylone, dont Hérodote avait admiré les merveilles (1), et qui, au quatrième siècle de notre ère, du temps d'Ammien Marcellin, était encore au nombre des cités les plus splendides du pays (2).

D'ailleurs, l'état d'intégrité où sont les magnifiques monuments retirés de ces fouilles, n'éloigne-t-il pas de l'esprit toute idée d'une destruction violente, complète (3)?

On répond que ces ruines, ayant été enfouies, ont pu se conserver longtemps; mais cette objection n'est pas sérieuse, car il faudrait supposer que la destruction de Ninive ne fût qu'un simulacre de destruction. Ces ruines n'ayant pu disparaître que lentement par un abaissement des bâtisses et un exhaussement graduel du sol, Hérodote, Ctésias, Xénophon et même Lucien auraient dû les avoir vues encore à fleur de terre, et alors toute incertitude aurait cessé. Ou bien, faut-il supposer que Cyaxare, au lieu de renverser Ninive, l'enterra malicieusement? Mais, personne ne voudrait admettre une semblable supposition. Enfin, quels que soient leurs arguments, les partisans de l'authenticité des ruines de Ninive se trouveront toujours en contra-

______

(1) Hérodote donne à Babylone la même étendue (480 stades de tour), que Ctésias donne à Ninive. (Voy. plus haut, p. 13.)

(2) Ammian. Marcellin. XXIII, 6, 23 : *In omni autem Assyria multæ sunt urbes... SPLENDIDISSIMÆ... vero et pervulgatæ hæ solæ sunt tres :* BABYLON..., *et* CTESIPHON... *post hanc* SELEUCIAM, *ambitiosum opus Nicatoris Seleuci.*

(3) L'état d'intégrité, qui exclut même l'hypothèse d'un tremblement de terre, n'aurait jamais dû faire songer à Ninive. N'était-il pas plus simple, plus logique et surtout plus conforme à l'histoire, de se rappeler ces villes abandonnées qui, faute d'habitants, ont fini par se couvrir de terre. Le nombre de ces villes désertes, πόλεις ἔρημαι, a dû singulièrement augmenter depuis Xénophon. C'est un sujet sur lequel je reviendrai ailleurs.

diction flagrante avec les témoignages réunis de l'Écriture sainte et des auteurs profanes, qui tous établissent, tant directement qu'indirectement, une destruction radicale de l'antique capitale des rois assyriens.

www.ingramcontent.com/pod-product-compliance
Lightning Source LLC
LaVergne TN
LVHW012307050726
842524LV00004B/1266